Los cinco sentidos

Julie Murray

Abdo
LOS SENTIDOS
Kids

abdopublishing.com

Published by Abdo Kids, a division of ABDO, PO Box 398166, Minneapolis, Minnesota 55439.
Copyright © 2016 by Abdo Consulting Group, Inc. International copyrights reserved in all countries.
No part of this book may be reproduced in any form without written permission from the publisher.

Printed in the United States of America, North Mankato, Minnesota.

102015

012016

 THIS BOOK CONTAINS
RECYCLED MATERIALS

Spanish Translator: Maria Puchol

Photo Credits: iStock, Shutterstock

Production Contributors: Teddy Borth, Jennie Forsberg, Grace Hansen

Design Contributors: Candice Keimig, Dorothy Toth

Library of Congress Control Number: 2015954498

Cataloging-in-Publication Data

Murray, Julie.

[The five senses. Spanish]

 Los cinco sentidos / Julie Murray.

   p. cm. -- (Los sentidos)

ISBN 978-1-68080-430-0

Includes index.

1. Senses and sensation--Juvenile literature.   2. Spanish language materials—Juvenile literature.   I. Title.

612.8--dc23

                    2015954498

Contenido

Sentidos

Tenemos cinco sentidos.

¡Los usamos todos los días!

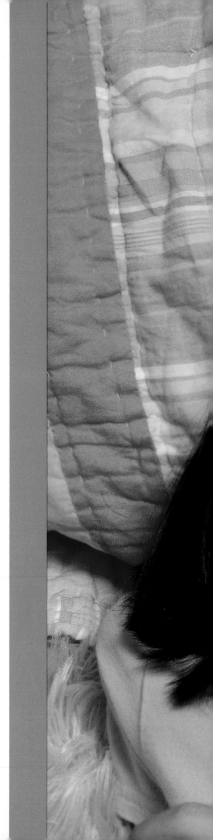

Nuestros oídos oyen **sonidos**.

Éste es el sentido del oído.

Nuestros ojos ven cosas.

Éste es el sentido de la vista.

Nuestra nariz huele cosas.

Éste es el sentido del olfato.

Nuestra boca saborea cosas.

Éste es el sentido del gusto.

Nuestras manos tocan cosas.

Éste es el sentido del tacto.

Ben juega al baloncesto.

Él toca la pelota.

Ben ve a sus compañeros de equipo. Él oye al **público**.

¿Qué sentidos usaste hoy?

Los cinco sentidos

la vista

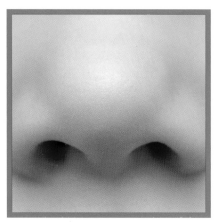

el olfato

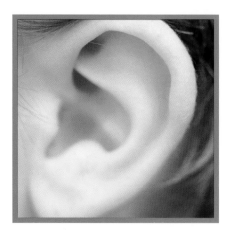

el oído

el tacto

el gusto

Glosario

público
grupo grande de gente en un lugar,
normalmente para un juego de
algún deporte o para un evento.

sonido
ruido que se puede oír.

Índice

abdokids.com

¡Usa este código para entrar en abdokids.com y tener acceso a juegos, arte, videos y mucho más!

Código Abdo Kids:
STK9246